Q.

몸이란 대체 무엇일까

이토 아사 지음
심수정 옮김

몸이란 대체 무엇일까

왜 내 마음대로
안 될까?

북스토리

CONTENTS

첫 번째 이야기

몸의 소리를 듣다

여러분은 자기 몸에 만족하나요? 또는 키가 더 컸더라면, 눈이 더 컸더라면, 남자로 태어났더라면, 병치레 없이 튼튼했더라면…… 하고 아쉬움을 느끼나요?

몸이란 참 신기해요.

사실 우리의 몸은 우리가 고른 게 아니에요. 내가 이 몸매를 고른 것도 아니고, 내가 이 얼굴을 고른 것도 아니고, 내가 이 성별을 고른 것도 아닐뿐더러, 내가 좋아서 약골로 태어났거나 장애를 지니게 된 것도 아니죠. 그런데도 우리는 이 몸으로 한평생 살아가야만 해요.

물건을 잘못 샀다면 반품하거나 다른 크기의 제품으로 교환할 수 있어요. 직장도 마찬가지예요. 일이 영 맞지 않는다면 다른 회사로 옮기면 그만이죠. 동아리도 싫으면 관두거나 다른 모임에 들어가면 돼요. 예비 신입회원에게 체험 기회를 주는 동아리도 있고요.

하지만 몸은 얘기가 좀 다릅니다. 체험 기회 같은 게 어딨나요. 반품은 말도 안 되는 소리죠. 글쎄 태어나고 보니 이 몸인걸요. 거부할 권리 따위는 바랄 수도 없습니다. 아무리 발버둥 쳐도 지금의 몸에서 절대 빠져나갈 수 없어요. 세상에 신이라는 존재가 있다면 너무하지 않냐고 따지고 싶어요.

몸을 바꿀 방법이 없는 건 아닙니다. 잘 먹고 열심히 운동하면 몸을 튼튼하게 만들 수 있어요. 몸매를 원하는 모양으로 가꿀 수도 있고요. 성형 수술을 받는다는 선택도 가능해요. 유전자 조작 기술까지 개발된 세상이잖아요. 그렇지만 운동이나 과학 기술로는 도저히 어찌해볼 수 없는 한계가 있어요.

한계로는 무엇이 있을까요? 먼저 늙음이 있겠네요. 인간은 누구나 늙어요. 마음은 아직 청춘이어도 어느샌가 흰머리가 하나둘 올라오죠. 얼굴에 주름이 늘어나면서 허리도 굽어요. 나이 든 자신을 상상해본 적이 있나요? 이젠 안 아픈 데가 없다, 쌩쌩했던 시절이 까마득하다며 푸념하는 노인의 모습을요.

몸은 자기 마음대로 고를 수 없다.

어쩌면 교통사고나 천재지변에 휘말릴지도 몰라요. 갑자기 눈이 멀거나 한쪽 다리를 잘라야 하는 상황에 놓일 수도 있죠. 빅데이터나 인공지능 같은 첨단 기술이 아무리 발달해도 사람 앞날은 예측할 수 없어요. 앞으로 무슨 일이 일어날지 아무도 알지 못하죠.

한계의 끝에는 죽음이 있습니다. 우린 언젠가 죽어요. 어떻게든 피해보려 해도 죽음은 누구에게나 공평하게 찾아오지요. 쉽게 말해 우리의 몸은 우리 뜻대로 되지 않아요. 우리는 '몸'이라고 하는, 내 뜻대로 되지 않는 존재와 더불어 살아가고 있죠. 아니, 마음대로 되지 않는 몸과 평생 함께 살라니……! 어찌 보면 참 우울한 얘기입니다. 절망적이기도 하고요.

그래도 '뜻대로 되지 않는 것'을 부정적으로만 여기지는 말아요. 생각보다 꽤 신나는 일이거든요. 물론 힘겨울 때도 있겠죠. '지옥 같은 몸'에서 해방되고 싶은 사람도 있을 테고요. 하지만 '뜻대로 되지 않는 것' 덕분에 반짝이는 보석 같은 발견을 하기도 해요. '뜻대로 되지 않는 것'은 '뜻하지 않은 것'이기도 하거든요.

거꾸로 생각해볼까요. 여기 모든 것이 내 뜻대로 되는 세상이 있습니다. 가위바위보는 백이면 백 이겨요. 밖에 나가면 마음에 드는 이성들이 다가와 말을 걸죠. 음식은 좋아하는 것으로만 실컷 먹을 수 있어요. 그야말로 전지전능한 신의 세상입니다. 하지만 이런 삶이 과연 즐겁고 행복할까요?

모든 게 내 뜻대로 되는 세상에는 '정말 잘 될까?' 하는 긴장감도, 우연한 만남과 설렘도 없어요. 꼭 대본대로만 삶이 진행되니 앞으로 무슨 일이 일어날지 뻔히 알고 있죠. 그래서 '뜻대로 되는 것'은 딱히 재미가 없어요. 입력된 프로그램대로 움직이는 로봇 같은 삶에 무슨 의미가 있을까요?

사람이 '뜻하는 것'은 알고 보면 별것 아닐 때가 많습니다. 반면 '뜻대로 되지 않는 것'은 모험이나 다름없죠. 일이 뜻대로 되지 않을 때, 비로소 내 앞에 상상을 뛰어넘는 현실이 펼쳐진답니다.

뭔가 내 뜻과 어긋나 힘든 일이 생기면 스스로 이렇게

물어보세요.

"우연히 타고난 내 몸과 어떻게 살아가면 좋을까?"

그러면 몸이 답을 알려줍니다. 몸은 우리에게 늘 말을 걸고 있어요. 가만히 귀를 기울여보세요.

나도 몸 때문에 힘들었던 때가 있어요. 나는 말을 더듬습니다. 말을 유창하게 하지 못하는 일을 '말더듬'이라고 해요. 말더듬증은 말을 할 때 같은 소리만 되풀이하거나 아예 아무 소리도 내지 못하는 증상이에요. '어눌증'이라고도 합니다.

말더듬증을 겪는 사람의 비율은 1/100이라고 해요. 많은지 적은지는 잘 모르겠지만 3개 반 학생 가운데 1명은 말을 더듬는다는 얘기예요. 이렇게 따지면 은근히 많은 건지도 모르겠네요.

말더듬증은 원인도 모르고 치료법도 없어요. 약이나 수술로는 낫지 않고요. 다행히도 나는 예전보다 증상이 많이 좋아졌어요. 대학교에서 수업을 하고 일반인을 대상으로 강의도 해요. 좀 이상하게 들릴 수 있지만 남들 앞에서 '말하는' 일로 먹고살고 있습니다. 말더듬 증상이 완전히 사라진 건 아니에요. 내 몸과 마주하는 방법을 나름대로 잘 찾아낸 덕택이죠.

초등학생, 중학생 때는 지금보다 훨씬 괴로웠어요. 학교 친구에게 놀림감이 되거나 가게 직원에게 미심쩍다는 눈길을 받은 적도 여러 번 있었죠. 사람들 앞에서 말하는 직업을 가질 거라고는 상상도 못 했어요. 그런데 이 '뜻대로 되지 않는 것'이 결과적으로 내게 '뜻하지 않은 것'을 만들어주었어요.

말더듬으로 고생하던 때, 나는 아무에게도 속마음을 털어놓지 않았어요. 상담 따위는 엄두도 못 냈죠. '고치긴 해야 하는데……' 그저 이 생각뿐이었어요. 압박감에 자아가 짓눌릴 뻔한 적도 있어요.

돌이켜보면 그 시절 내게 몸이란 갑작스럽게 딱딱해졌다가 부드러워지는 암흑의 덩어리 같은, 버겁기만 한 존재였어요. 거대한 마그마가 내 안에 잠들어 있는 것만 같았죠. 마그마 바로 옆에는 갈라진 단층이 죽 이어져 있었고요. 언제 마그마가 터질지, 언제 지진이 일어날지 몰라서 늘 예민하고 불안했죠. 내 몸은 여전히 버겁고 부담스럽지만 어느 순간부터 생각이 바뀌었어요. 신기하게도 부정적인 감각까지 아울러 '몸이란 재밌는 존재'라고 여기게 되었죠.

생각이 바뀐 계기는 말더듬 연구였어요. 나는 연구자입니다. 눈이 안 보이거나 귀가 들리지 않는 사람이 세상과 어떻게 만나는지를 연구하죠. 시각과 청각이 없는 세상, 지금 내가 사는 곳과 사뭇 다를 그 세상을 알고 싶었어요. 그러다가 나 같은 사람의 몸도 연구해보고 싶어졌어요. 바로 말을 더듬는 몸 말이죠.

연구 결과는 놀라웠어요. 나와 같은 방식으로 세상을 대하는 사람이 어마어마하게 많더라고요. 나와 전혀 다른 방식을 쓰는 사람도 많았고요. 말더듬 경험이 내게 새로운 세상을 열어준 거예요.

나는 여러분이 이 책을 읽고 자기 몸을 좋아하게 되기를 바라요. 내 몸과 제대로 마주하면 새로운 세상이 열린다는 경험을 할 수 있도록 힘껏 도와드릴게요.

연구는 연구자만의 일이 아닙니다. 이해가 안 되거나 걱

몸은 새로운 세상을 발견하도록 우리를 반드시 도와준다.

정스럽거나 궁금한 것과 진지하게 마주하고 있다면, 이미 연구 중이라고 할 수 있죠. 나는 여러분이 자기 몸에 관해 연구하기를 바라요. 이 연구야말로 내 몸을 좋아하게 되는 가장 빠른 지름길이기 때문이에요. 따라서 내가 가장 잘 아는 몸, 다시 말해 '말을 더듬는 몸'을 연구하면서 알게 된 사실을 이 책에 풀어놓고자 해요.

잠깐, 말을 더듬어본 적이 없다고요? 말더듬 경험이 없어도 책 내용을 이해하는 데는 전혀 문제없어요. 앞에서 밝혔듯, 말더듬은 몸이 내 뜻대로 말을 해주지 않아 생기는 증상이에요. '몸이 뜻대로 되지 않는 것' 그 자체라고 할 수 있죠. 말더듬을 알면 온갖 문제와 이어진 몸의 본질에 가까워질 수 있어요. 이런 논리로 받아들인다면, 말더듬 경험에 상관없이 누구나 앞으로 나올 이야기를 즐길 수 있을 겁니다.

여러분이 타고난 몸, 그 몸은 우리에게 분명히 무언가를 알려주고 있어요. 몸 연구란 몸의 소리에 귀를 기울이는 일이에요.

몸의 소리를 들어보자고 권했지만 처음부터 잘되지는

않을 거예요. 조금 두렵게 느껴질 수도 있고요. 하지만 아무 걱정 하지 마세요. 꼭 잘하려고 하지 않아도 돼요. 이 책에서 몸과 소통하는 연습을 아주 천천히 해나가 봅시다.

두 번째 이야기

몸, 이상한 몸

말할 수 있다는 건 이상해

알고 보면 말을 못 하는 것보다 말을 할 수 있다는 것이 더 이상하답니다. 나는 2018년에 일본에서 『말 더듬는 몸』 이라는 책을 냈는데, 이 책의 홍보용 띠지 문구가 바로 "말할 수 있다는 건 이상해"였어요. 어찌나 마음에 들던지 출판사 직원과 이 문구를 넣어 티셔츠까지 만들었답니다. 가슴팍에 통통 튀는 분홍색 글씨로 큼지막하게 써서 말이죠.

지금도 나는 진심으로 '말할 수 있다는 건 이상해'라고 생각해요. 말더듬을 연구하면서 점점 더 확신하게 되었죠. 역시 내 생각이 맞는구나 싶었어요. '말하기'란 사실 엄청나게 복잡하고 어려운 일이기 때문이에요.

혹시 이런 것들이 궁금하지 않았나요? 남들 앞에서 발표할 때는 왜 긴장하는지. 긴장하면 왜 정신이 없고 목소리가 잘 나오지 않는지. 생각지도 않은 말로 친구를 속상하게 하는 일은 왜 생기는지. 왜 웃기려고 의도한 말은 효과가 없고 아무런 의도 없이 던진 말에 다들 배꼽을 쥐는지.

우리는 말을 할 때, 머릿속에 문장을 가지런히 정리한 다음에 그 문장을 소리 내 읽으면서 말하지는 않습니다. '말하기'는 생방송으로 이루어져요. 그래서 말이 멋대로 튀어나오는 사고도 곧잘 일어나죠.

말을 할 때, 우리 몸은 어떤 일을 할까요? 떠오르는 대로 적어볼게요.

① 성대를 울려 소리를 낸다(이때 나는 소리는 '삐-잇' 하는 버저 소리와 비슷하다).

② ①의 소리를 목구멍, 혀, 입 모양이나 위치를 바꿔 변

형시킨다('삐-잇'이 '아' '이'로 바뀐다).

③ 목소리를 내면서 다음에 낼 소리를 준비한다.

④ 할 말을 생각한다.

⑤ 상대의 반응을 보면서 소리 크기, 말투, 말할 내용을 정한다.

⑥ 몸짓과 손짓을 하거나 멈춘다.

⑦ 대화 흐름을 읽으면서 말할 기회를 잡는다.

⑧ 분위기에 어울리는 역할을 찾는다(동아리에서 '선배답게' 말하기 등).

①부터 ③은 '소리내기'와 관련된 일입니다. ④부터 ⑧은 '전달하기'와 관련된 일이고요. '소리내기'는 발성, '전달하기'는 커뮤니케이션이라고 할 수 있어요. 여기서 눈여겨볼 것은 말을 하는 과정이 ①→②→③처럼 순서대로 진행되지 않는다는 점입니다. 인간은 말을 할 때 이 모든 일을 동시에 실시간으로 조정하면서 해내요.

와, 정말 놀랍지 않나요? '말하기'가 이처럼 다양한 일을 동시에 해치우는 멀티태스킹 작업이었다니요. 마치 길을 걸어가면서, 스마트폰을 보면서, 음악을 들으면서, 밥을 먹으면서, 친구와 싸우면서, 묘기를 부리면서 잠을 자는 셈인데요. 이처럼 복잡한 일을 우리가 늘 하고 있었다니……. 이쯤 되면 '말하기'란 거의 기적 아닐까요?

알아서 해준다

기적 같은 일이라는 데는 동의해도 '말하기'가 어렵다는 분은 많지 않을 거예요. 사람들이 보기에 "말하기는 당연한 일"이거든요. 특히 우리 사회가 그렇죠. 나는 한때 미국에서 살았는데 미국인 중에는 영어를 못하는 사람이 아주 많아요. 미국은 '이민자의 나라'거든요. 집에서는 스페인어, 학교와 회사에서는 영어. 이처럼 언어를 달리해 쓰는 사람이 수두룩해요. 같은 영어로 대화하는 것 같지만 실은 다양한 말투와 억양의 말들이 오가죠.

그래서 미국에서 지내다 보면 '잘 듣는' 기술이 생겨요. 미국인은 서툰 영어를 듣는 데 익숙해요. 문법이 틀렸거나 발음이 이상하거나 말을 좀 더듬어도 전혀 문제 삼지 않죠. 열심히 들어주는 사람이 대부분이에요. 말하기에 그만인 환경이죠.

이와 달리 우리나라에서는 우리말에 서투른 사람을 만날 일이 드물어요. 말을 매끄럽게 못 하거나 떠듬거리면 바로 눈에 띄어요. 어눌하게 말한다고 이상한 사람 취급을 하거나 괴롭히기도 해요. '말은 유창하게 하는 게 당연하지'라는 분위기죠. 말을 더듬는 사람에게는 참 부담스러워요.

하지만 당연한 일이니까 간단하다고만은 할 수 없어요. '걷기'를 예로 들어볼까요. 혹시 걷기 과정을 자세히 설명할 수 있나요? 우선은 오른쪽 발꿈치를 땅에 댑니다. 왼쪽 다리에서 오른쪽 다리로 몸의 중심을 천천히 옮기면서 오른쪽 발바닥이 완전히 땅이 닿으면 왼발을 땅에서 떼면서 왼쪽 무릎을 굽히고……. 이런 식이 되겠지만 이 설명을 어린아이가 듣고 바로 척척 걸어나갈 수 있을까요? 과연 '걷는 법'을 말로만 이해시킬 수 있을까요?

아마 힘들 거예요. 걷기란 몸이 알아서 해주는 일이기 때문이에요. 남에게 말로 전하기는 쉽지 않지만 큰 노력

없이도 할 수 있어요. 너무 깊이 생각하면 도리어 잘 안 되고요. 이 '알아서 해준다'는 것은 인간의 몸이 지닌 강점입니다. 달리고, 뛰고, 자전거를 타고, 먹고, 숨 쉬고, 음식을 소화하고……. 몸은 이런 일들을 거의 알아서 해줍니다. 처음에는 조심스럽게 연습해야 하지만 익숙해지면 굳이 집중하지 않아도 할 수 있어요. 시간이 지나면서 당연한 일, 저절로 되는 일로 바뀌어요.

이런 일들이 저절로 되는 까닭은 알 수 없어요. 유일하게 아는 건 우리가 자신도 모르는 어떤 '구조물'에 실려 있다는 사실뿐이에요. 어쩌면 우리 몸의 주인은 내가 아니라 이 정체불명의 '구조물'인지도 몰라요. 정체불명의 구조물이라……. 딱히 기분 좋은 말은 아니네요.

두 개의 ㄴ 받침

여기서는 우리가 말을 할 때 몸이 저절로 해주는 일에 관해 알아볼까 해요. 먼저 간단한 실험을 준비했어요. 다음 두 낱말을 소리 내어 읽어보세요.

① 신랑

② 신문

　어떤가요? 몸이 '저절로' 읽어줬나요? 한 글자씩 끊어 읽지 말고 평소 빠르기로 자연스럽게 읽어야 차이를 알 수 있답니다. 제대로 읽었다면 이제 받침 'ㄴ'을 자세히 살펴볼게요.

　①에는 ㄴ 받침이 한 개 들어 있고 ②에는 두 개 들어 있어요. 각각의 앞 글자 '신'에 들어가는 'ㄴ'을 잘 보세요. 신랑의 '신'과 신문의 '신'을 읽을 때 차이가 느껴졌나요? 거울을 보면서 읽으면 확실히 알 수 있어요. ①을 읽을 때는 'ㄴ'에서 혀끝이 살짝 꺾여 앞니 뒤 입천장에 닿아요. 반면 ②를 읽을 때는 'ㄴ'에서 혀끝이 앞니와 아랫니 사이에 있죠.

　신기하게도 둘 다 같은 ㄴ 받침인데 읽을 때 입과 혀가 다르게 움직여요. 심지어 ①에서는 ㄴ 받침 소리가 자연스럽게 'ㄹ'로 바뀌고 말이죠. 정말 신기하죠?

ㄴ 받침과 '라' 사이

우리 몸이 ㄴ 받침을 'ㄴ'으로도 읽고 'ㄹ'로도 읽는 까닭은 무엇일까요? 거창한 이유가 있을 것 같지만 의외로 정답은 단순해요. 편하게 발음하기 위해서랍니다. 우리는 '신랑'과 '신문'을 각각 두 음절로 이루어진 하나의 낱말로 인식해요. 하지만 몸은 좀 달라요. 낱말이 아니라 '운동'으로 인식하거든요. 운동에는 연속성이라는 특징이 있어요.

이제부터 책을 덮고 의자에서 일어나 냉장고로 간 다음, 냉장고 문을 열고 주스를 꺼내는 행동을 한다고 칩시다. 네 동작으로 이루어진 운동이죠. 이 동작들을 할 때, 우리는 네 컷 만화에서 묘사되듯 동작을 따로따로 나눠서 하지는 않아요. 네 동작이 하나로 이어져요. 일어날 때는 책을 덮고 바로 우뚝 서는 게 아니라, 탁자에 손을 짚거나 조금씩 허리를 펴거나 시선을 위로 보내는 등 '중간 움직임'을 거치기 마련입니다. 냉장고로 가서 문을 열 때도 마찬가지예요. 냉장고로 걸어가거나 문으로 손을 뻗어 손잡이를 붙잡거나 문을 잡아당겨 여는 '중간 움직임'이 일어나요. '중간 움직임' 사이사이에도 몸은 계속 움직여요. 책을 덮으면서 의자에서 일어나거나, 일어나면서 상체부터 냉장고 쪽으로 향하거나, 냉장고로 다가가면서 손을 뻗고 있죠.

몸은 왜 '중간 움직임'을 할까요? 이 역시 편하게 움직이기 위해서랍니다. 동작 하나가 끝나기 전에 다음 동작을 시작하면서 부드럽게 이어지는 움직임은 인간의 특징 가운데 하나예요. 로봇이 이렇게 움직이기는 쉽지 않아요. 로봇은 동작 하나를 마쳐야 다음 동작으로 들어가는 단계적 과정으로 움직이거든요.

'중간 움직임'은 말을 할 때도 나타나요. '신랑'에서 '신'의 ㄴ 받침은 '시'에서 '라'으로 이어지는 길목에 있어요. 몸은 ㄴ 받침을 '라' 발음이 편한 형태로 만들고 싶을 거예요. "라, 라, 라!" 하고 안달을 내면서요.

다시 한번 "신랑" 하고 읽으며 입 모양을 살펴보세요. '라'는 혀끝을 입천장에서 튕기듯 내리며 입을 크게 벌려야 소리 낼 수 있어요. 다른 방법으로는 발음할 수 없죠. ㄴ 받침은 다음에 어떤 소리가 오는지에 따라 발음이 달라져요. 받침 그대로 '신'이라고 읽으면 다음 글자인 '라' 발

음이 어렵죠. '라 발음이 쉽게 나오도록 '실'로 읽어야지.'
몸은 이렇게 생각했을 거예요.

이제 '신문'을 보죠. '신'의 ㄴ 받침은 '시'에서 '무'로 이어
지는 도중에 있어요. '무'는 입을 다물었다가 입술만 쭉 빼
면 소리가 나와요. 혀는 거의 움직이지 않죠. ㄴ 받침을 발
음했다가 입 모양만 바꾸면 되니 '실' 등으로 소리를 바꿀

몸이 보기에 '말하기'란 연속된 하나의 운동이다.

필요가 없어요. 이 역시 우리 몸이 움직이기 편한 쪽을 고른 거랍니다.

몸이 되어 생각해보자

이번에는 상상력을 발휘해볼까요. 내가 '몸'이 되었다고 생각해보세요. 지금까지는 전혀 몰랐던 세상이 보일 거예요. 늘 당연하게, 대수롭지 않게 해오던 일도 몸의 관점에서 하나하나 따져보면 정말 놀랍고 신비롭답니다.

우리는 말을 할 때면 흔히 '말'의 상황에서 생각해요. '다음에 무슨 얘길 하지?'라던가 '이렇게 표현해도 통할까?' 하면서 말이죠. 하지만 몸에게 '말하기'란 소리의 집합이 아니라 연속된 하나의 운동이에요. 인간은 몸에 있는 발성 기관으로 여러 소리를 부드럽게 이어 낼 수 있어요. 악기로 치면 모양이 자유자재로 바뀌는 피리인 셈이죠. 앞서 얘기했듯, 말할 수 있다는 건 역시 좀 이상하죠?

그래서 '신문'에서 ㄴ 받침과 '무' 사이는 두 소리가 뒤섞인 소리들로 이어져요. '시'와 ㄴ 받침, '무'와 ㄴ 받침 사이도 마찬가지예요. 하지만 우리는 이 연속된 소리들을 '말'의 상황에서 듣기 때문에 '신' '문'처럼 두 음절로 끊어 인식하게 됩니다. 또 다른 예로 모음 'ㅐ'와 'ㅔ'는 사실 발음이 좀 다르지만 우리는 차이를 느끼지 못해요. 영어의 'L'과 'R' 발음을 구별하기 어려운 것도 비슷한 경우죠. 모두 소리를 '말'의 상황에서 듣기 때문에 나타나는 현상입니다.

몸의 정체성

이처럼 복잡한 '말하기'를 우리는 어떻게 할 수 있게 되었을까요? 실은 시간과 관련이 있어요. 사람이 갓 태어났을 때는 말을 못 하죠. "부" "푸" 같은 단순한 소리를 조금씩 내다가 쉬운 낱말을 내뱉게 되고, 문장을 만드는 힘이 생기면서 어느덧 말할 수 있게 됩니다.

이 모든 과정은 스스로 익히죠. 물론 주변 사람들이 말하는 모습을 보면서 소리를 듣고 익히는 연습도 필요하지만 "자, '신랑'처럼 뒤에 '라'가 올 때 앞 글자의 받침 ㄴ은 'ㄹ'로 읽어요"라는 식으로 말하기를 차근차근 배운 적은

없을 거예요. 말하기란 나, 아니 내 몸이 혼자서 조금씩 말을 익혀간 끝에 얻어낸 결과입니다. 아주 오랜 시간을 들여서요.

따라서 '몸이 어떤 일을 알아서 해주는지'를 알면 우리가 지금껏 살아온 시간의 길이도 알 수 있어요. 현재 우리의 몸이 만들어진 과정도 짐작해볼 수 있죠. 한마디로 몸을 아는 일은 자신을 아는 일과 같아요.

혹시 '정체성'이라는 말을 아나요? 영어로는 아이덴티티 identity라고 해요. 이 말을 쉽게 풀이하면 '나는 누구인가'예요. 흔히 정체성은 '인간으로서 갖추어야 할 모습' 등 마음과 연관돼요. 하지만 몸에도 정체성이 있답니다. 그래서 지금의 내 몸이 어떤 과정을 거쳐 이루어졌는지를 생각해봤으면 해요. 몸의 정체성을 알면 그동안 불편하게 느꼈거나 잘 몰랐던 내 몸이 든든하고 믿음직한 존재로 바뀔 거예요. 단번에 깨닫기는 좀 어렵지만요. 이 책에서 조금씩 알아나가 봅시다.

세 번째 이야기

몸에는 오류가 일어난다

반복 현상

앞에서도 얘기했지만 우리는 내 몸이 무슨 일을 하는지 거의 몰라요. 알아서 해주는 일이면 더더욱 알지 못하죠. 우리는 '몸'이라는, 스스로 이것저것 해주는 존재에 얹혀서 살아가고 있어요. 몸에는 가끔 오류가 일어나요. 계단에서 발을 헛디디거나 손에 든 물건을 놓치곤 하죠. 몸은 우등생이지만 완벽하지만은 않답니다.

말더듬도 몸에서 일어나는 오류예요. 가끔이 아니라 반

복해서 일어나죠. 말더듬증을 겪는 어떤 사람은 '머리'라는 말을 할 때마다 고꾸라지는 느낌이 든다고 해요. 더듬기 쉬운 말은 사람마다 달라요. 같은 말이라도 상황에 따라 더듬지 않기도 하고요.

여러분은 말을 더듬는 사람을 본 적이 있나요? 말더듬에는 여러 유형이 있는데 이제부터 하나씩 설명해 볼게요. 말더듬 하면 가장 먼저 떠오르는 증상은 바로 '반복 현상'이에요.

"ㅍ ㅍ ㅍ 프 프 프 편지 왔어."

"ㄱ ㄱ 그 그 그 펜 좀 빌려줘."

반복 현상은 말을 할 때 첫소리를 되풀이하는 증상입니다. 끝없이 소리를 낸다는 뜻에서 연발(連發)성 현상이라고도 해요. 말더듬 관련 책에는 흔히 "첫소리를 반복해서 내는 증상"이라고 나와 있는데 본인이 일부러 같은 소리를 반복하는 건 아니에요. 소리가 제멋대로 나오는 거죠. 머리로 "편지"라고 말하려 해도 몸에서 "ㅍ ㅍ ㅍ 프 프 프 편지"라고 나와버려요.

컴퓨터 키보드에 빗대면 'ㄱ' 키를 딱 한 번 눌렀는데 ㄱ

ㄱㄱㄱㄱㄱ…… 하고 같은 글자가 화면 가득 찍히는 현상이에요. 이런 일이 벌어지면 어리둥절하겠죠? 말을 더듬은 본인은 얼마나 당황스러울까요. 하도 어처구니가 없어서 웃음이 나오기도 해요. 조금 어렵게 표현하면 말더듬은 머리와 몸이 연동되지 않을 때 나타나요. 머리는 'ㅇㅇ'라고 생각했는데 몸은 생각과 완전히 딴판인 일을 하죠. 몸이 머리보다 앞서 나간다고 할까요.

혹시 사춘기를 겪고 있거나 겪었다면 처음에 어떤 느낌이 들었는지 떠올려보세요. 아마 적잖이 당황스럽고 불안했을 겁니다. 곳곳에 털이 나고 가슴이 부풀고 목소리가 굵게 변하는 등 몸에 변화가 나타났을 테니까요. 느닷없이 "자, 당신은 오늘부터 어른입니다" 하고 선고받은 기분, 마음은 준비가 덜 됐는데 몸만 자라버린 기분이었을 거예요.

흔히 신체 구조를 설명할 때는 "머리가 지시를 내리고 그 지시대로 몸이 움직인다"라고 해요. 틀린 말은 아니지만 이 풀이만으로는 아무래도 좀 부족하죠. 몸은 우리 생각보다 훨씬 더 자유분방한 존재거든요.

몸은 시행착오를 한다

다시 내가 '몸'이 되었다고 생각해봅시다. 반복 현상은 왜 일어날까요? 앞서 말했듯 몸은 연속 운동을 합니다. 말을 하거나 소리를 낼 때도 마찬가지예요. '가지'라는 말을 읽을 때, 우리는 네 컷 만화에 나오듯 "가" "지" 하고 소리를 따로따로 내지는 못해요. 몸은 "가" 다음에 "지" 소리가 나도록 발성 기관 형태를 연속으로 조금씩 바꿉니다. 바꿀 때는 되도록 편한 방법을 쓰려고 하고요.

반복 현상은 바로 이 연속 운동 때문에 일어납니다. '가'에서 '지'로 부드럽게 넘어가지 못하니 '가'를 되풀이하는 거죠. '지'로 가는 길목에 걸린 탓에 소리가 '가'에서 헤맨달까요. 얼핏 반복 현상은 되풀이하는 소리에 문제가 있는 것처럼도 보여요. 누가 "가 가 가 가지" 하면 '가' 발음을 어려워하는구나 싶죠. 하지만 문제는 '가'가 아니에요. 소리가 이미 나왔잖아요. 진짜 문제는 '지'예요. '가' 소리를 내긴 했지만 '지'로 넘어가는 방법을 모르니 '가'에서 머무를 수밖에 없는 거죠.

그래서 어떤 사람은 '가지'는 더듬는데 '가을'은 자연스럽게 말해요. '가지'는 "가 가 가 가지"라고 읽지만 가을은 "가을" 하고 단번에 읽죠. '가'에는 아무 잘못이 없답니다. 그래서 소리가 이어지지 않도록 한 음절씩 끊어서 "가" "지" 하면 곧잘 읽어요. 하지만 "가지" 하고 이어서 읽으면 역시나 더듬거리죠.

　말을 더듬는 사람이 낱말의 첫소리만 반복하고 있다면 지금 그 사람의 몸은 시행착오를 하고 있는 거예요. 이때 몸은 고민합니다. "어떻게 해야 '지'에 갈 수 있지?" 하고요. 실제로 '가'에서 반복 현상을 겪는 사람을 살펴보면 '가' 소리가 모두 다르게 나와요. 힘찬 소리, 튕기는 듯한 소리, 약하게 숨을 내뱉는 듯한 소리 등 아주 다양하죠. 몸은 갖가지 방식으로 '가' 소리를 내면서 '지'로 가는 길을 찾는 시행착오를 하고 있어요.

　바늘에 실을 꿰는 일은 생각만큼 쉽지 않아요. 각도를 조금씩 바꾸거나 실을 고쳐 잡으면서 구멍을 노려야 하죠. 빨리 꿰려면 운이 따라줘야 해요. 반복 현상도 이와 비슷합니다. "얍! 이래도 안 돼? 이래도!" 하면서 시행착오를

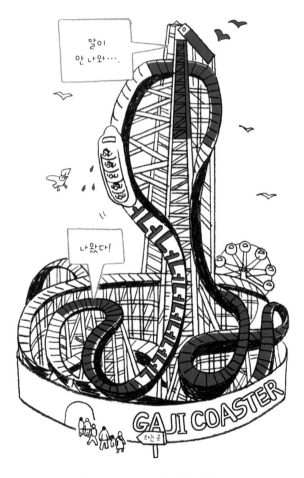

가는 '지'로 가고 싶지만 마음만 굴뚝 같다.

거듭하죠. 그러니 몸이 반복 현상에서 거듭하는 것은 소리라기보다는 시행착오라고 해야 맞아요. 반복 현상은 '말'에게는 오류겠지만 실은 '몸'이 나름 애쓰고 있다는 증거랍니다.

말더듬은 '사이'에서 일어난다

이처럼 말더듬은 몸에서 일어나는 오류예요. 이제부터 까다로우면서 흥미로운, 말더듬의 두 얼굴을 자세히 살펴볼게요.

말더듬은 몸에서 나타나지만 100% 순수한 신체 현상은 아니에요. 순수한 신체 현상으로는 발 저림이나 충치를 들 수 있는데 이들 현상은 기본적으로 몸 안에서만 일어나고 끝나요. 반면 '말하기'는 커뮤니케이션이면서 사회적 행위예요. 상대가 한 명 이상 있고 그 상대에게 영향도 받아요. 내 안에서만 일어나는 현상이 아니죠.

실제로 말을 더듬는 사람 대부분이 혼잣말을 할 때는 더듬지 않는다고 해요. 상대가 없으면 말이 잘만 나오죠. 발

저림이나 충치는 무인도에 갇혀도 생기지만 말더듬은 나타나지 않습니다.

말더듬은 누구와 어떤 상황에서 대화하는지에 따라 증상의 있고 없음과 정도가 크게 달라져요. 한마디로 말더듬은 나와 상대 '사이'에서 일어나요. 몸에서 나타나는 증상이기는 하지만요. 어쩌면 '상황'이 내 몸에서 말더듬을 끌어낸다고도 할 수 있어요. 상황에 따라 몸 상태가 바뀐다니, 놀랍지 않나요?

'전하다'와 '전해지다'

그래서 말더듬을 측정 기준으로 삼는 사람도 있어요. 말더듬 정도에 따라 현재 내 상태를 파악할 수 있거든요. 말을 더듬지 않으면 지금 내가 이 자리를 즐기고 있다고 알수 있고, 말을 더듬으면 내가 긴장했다고 알 수 있죠.

몸은 참 정직해요. 말은 이런저런 방법으로 속마음을 감출 수 있지만 몸은 거짓말을 못 하죠. 특히 말을 더듬을 때 몸의 정직함이 고스란히 드러나요.

평소에 좋아하던 사람과 이야기를 나눌 기회가 생겼다고 해보죠. 여러분은 하고 싶은 얘깃거리와 질문을 미리 준비해 갈 거예요. 하지만 막상 그와 만나면 너무 떨려서 준비한 말을 제대로 못 할 수도 있어요. 말더듬 증상이 있든 없든 말이죠. 그는 여러분이 떠듬거리는 모습을 보고 어떤 생각을 할까요?

'말이 참 서툴구나.'

설마요! 절대로 그렇게는 생각하지 않을 거예요. 그는 여러분의 말하기 실력을 평가하러 온 심사위원이 아니니까요.

'너무 긴장했는데? 나랑 진짜 만나고 싶었나 보다. 와줘서 고마워요.'

당연히 이렇게 생각하겠죠. 여러분은 좋아하는 사람 앞에서 어쩔 줄 몰라 하는 자신이 창피할지도 모르겠지만요. "만나 뵙게 되어서 영광이에요"라는 번듯한 말보다는 정신없이 허둥거리는 몸이 지금 내 마음을 상대에게 훨씬 잘 전해주기도 해요. 이럴 때는 '전하다'가 아니라 '전해지다'라고 해야 하겠네요.

'전하다'는 상대방에게 메시지를 보내려고 의도할 때를

말하고, '전해지다'는 의도하지 않았는데 온몸에서 메시지가 자연스럽게 보내질 때를 말해요. 이 세상에는 전하지 못해도 전해지는 것이 있어요. 말더듬이 나와 상대의 '사이'에서 일어나는 까닭은 '전해지는 것'을 받아줄 힘이 상대방에게 있다고 내가 믿기 때문인지도 몰라요.

말을 편하게 더듬는 것

반복 현상은 언제 일어날까요? 뜻밖에도 '마음이 편할 때'라는 사람이 많아요. 말더듬에는 여러 유형이 있고 증상도 모두 다르지만, 반복 현상은 마음이 편안한 상태에서 잘 나타난다고 합니다. 앞서 반복 현상은 머리와 몸이 연동되지 않는 상태와 같다고 얘기했죠. 몸이 머리를 앞선다고도 했고요. 고삐 풀린 망아지처럼 몸이 머리의 구속에서 해방된 상태이기도 해요.

어떤 사람은 이야기를 나누다가 좋은 생각이 나면 반복 현상이 일어난다고 해요. '지금 이 얘기를 꼭 해야겠어!' 하는 흥분이 곧장 증상으로 나타나는 거죠. 또 어떤 사람은 남들 앞에서 발표할 때 반복 현상이 나타났는데, 버벅 대면서도 말을 이어나가는 자신이 우스꽝스럽게 느껴졌 대요. 고작 '말더듬' 한 마디를 하는 데 "ㅁ ㅁ ㅁ 마 마 마 말……" 하고 한참 걸리는 현상이 재밌었다나요.

여기서 '현상'이라는 표현을 쓴 점이 꽤 흥미롭습니다. 내 몸에 일어난 일을 뱅글뱅글 돌아가는 팽이라도 바라보 듯 이야기하고 있으니까요. '와~ 내 몸, 지금 말을 더듬고 있어!' 하면서 몸을 관찰하는 느낌이 들어요. 마치 남 일을 보는 듯한 거리감이 있죠.

말더듬이란 뜻대로 되지 않는다는 점에서 기본적으로는 안타까운 일이에요. 하지만 앞에서 소개한 사람들은 말을 더듬는다는 사실을 숨기지 않아요. 말을 더듬는 몸을 거리 낌 없이 드러내죠. '앗, 지금 더듬었다' 했다가도 금세 '됐 어' 하고는 잊어버려요. 이렇게 할 수 있는 건 마음이 편안 하기 때문이에요.

반복 현상은 '말을 편하게 더듬는 것'이라고 표현하는 사 람도 있어요. 편하다는 것은 몸이 자유롭다는 얘기예요. 또 '이 사람 앞에서라면, 여기서라면 말을 더듬어도 괜찮

아'라고 여긴다는 뜻이고요.

　말을 더듬는 사람은 "긴장하지 말고 얘기해"라는 말을 자주 들어요. 남들 눈에는 말을 온몸에서 쥐어짜 내는 듯하고 마음도 조급해 보이거든요. 실제로 자신이 너무 긴장한 탓에 말을 더듬는다고 여기는 사람도 많아요. 그런데 "긴장 풀어"라는 말은 사실 별 도움이 되지 않습니다. 물론 남들 앞에서 긴장하면 바로 말을 더듬는 사람도 있기는 해요. 하지만 반복 현상은 몸이 억압에서 풀려나야 나타나요. 다시 말해 몸도 마음도 긴장한 상태가 아니라 편안한 상태라는 얘기죠.

　말을 더듬는 원인을 따지기 이전에, '긴장 풀자'라는 생각만으로 진짜 침착해질 수 있을까요? 머리가 내리는 지시를 몸이 곧이곧대로 들어준다면 애초에 말을 더듬지도 않을 텐데요.

　이처럼 말을 더듬는 사람끼리도 증상은 완전히 다르게 나타나요. 이 '다름'에서 자신만의 개성과 정체성이 생겨나죠. 따라서 "말더듬은 이러이러한 거 아냐?" 하고 일반화하기는 어렵답니다.

네 번째 이야기

창피한 건 싫어

막힘 현상

반복 현상은 "ㅍ ㅍ ㅍ 프 프 프 편지"처럼 어떤 소리가 거듭되는 증상이에요. 다음 소리로 자연스럽게 넘어가지 못하고 '시행착오'를 되풀이하죠. 반복 현상이 일어날 때, 몸은 머리에서 한껏 자유로워진 상태입니다. 이제부터는 다른 말더듬 유형을 살펴볼게요.

'말하기'는 신체적 행위이면서 사회적 행위예요. 말더듬은 나와 상대 '사이'에서 일어납니다. 그래서 상대방과의 관계와 주변 상황에 따라 몸 상태가 달라지죠. 만일 몸이 자유로워지기 힘든 곳에 있다면 어떻게 될까요? '처음부터 끝까지 완벽하게' 보여야 하는 장소예요. 이럴 때는 반복 현상이 아니라 '막힘 현상'이 나타납니다.

막힘 현상이란 몸이 꽁꽁 얼어붙어 말을 듣지 않는 증상이에요. 아무리 애를 써도 목소리가 나오지 않습니다. 온몸에 힘이 잔뜩 들어가서 소리를 내기는커녕 숨쉬기조차 힘들 때도 있어요. 머리에서 내리는 명령을 몸이 완전히 거부하는 상태죠. 몸의 파업, 몸의 반항이라고 표현할 수 있겠네요.

반복 현상이 '키를 한 번만 눌러도 글자가 화면 가득 찍히는 상태'라면 막힘 현상은 '키를 아무리 눌러도 반응이 없는 상태'예요. 막힘 현상도 반복 현상 못지않게 황당한 증상이에요. 말하기라는 행위 자체를 몸이 멋대로 거부해 버리니까요.

막힘 현상은 '실어증'과는 달라요. 실어증처럼 머릿속에 말 자체가 떠오르지 않는 상태는 아니거든요. 어떤 말을 해야 하는지 본인은 확실히 알고 있어요. 선생님에게 갑작

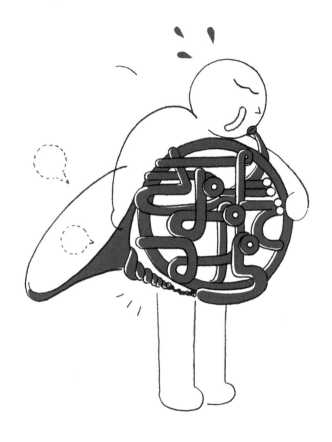

'기요미즈데라'. 답은 알고 있지만…….

스럽게 질문을 받았다고 해봅시다. 정답은 일본의 유명한 절인 '기요미즈데라'고요. 그런데 '기'라고 말하라는 머리의 명령을 몸이 도무지 받아들이지 않아요. 입은 이미 '기' 모양인데 목구멍은 꽉 막혔고 숨까지 가빠오죠.

침묵⋯⋯.

마치 영원과도 같은 시간만이 흘러갑니다.

막힘 현상은 아무 소리도 나지 않아서 말을 더듬는다는 사실을 주변에서 모르기도 해요. 얼굴이 빨갛게 달아오르거나 어깨를 부들부들 떨면 눈치채기도 하지만 반복 현상을 봤을 때처럼 바로 알아차리지는 못하죠. 막힘 현상이 오면 매우 괴롭습니다. 막힘 현상을 겪는 사람은 "몸이 돌처럼 굳는다" "몸이 얼음이 된 기분이다"라고들 해요.

미시마 유키오의 『금각사』

막힘 현상은 왜 괴로울까요? 이해를 돕고자 일본 소설가 미시마 유키오가 쓴 『금각사』를 잠깐 소개할게요. 막힘 현상이 잘 표현된 부분이 있거든요. 혹시 이 책을 읽어본 적이 있나요? 줄거리를 아주 짧게 얘기하면, 말을 심하게 더듬는 주인공이 아름다운 금각사에 집착한 나머지 금각사에 불을 지르는 이야기예요. 참, 이 작품에 나오는 금각사는 가상의 공간이랍니다. 일본에 실제로 있는 금각사는 금박을 입힌 건물 '금각'이 있는 교토의 로쿠온지 절을 말해요.

소설 『금각사』는 실제 사건을 바탕으로 쓰였어요. 이른바 '금각사 방화 사건'이죠. 1950년 어느 밤, 로쿠온지 절의 금각에 누군가 큰불을 질렀어요. 귀한 유물과 금박 건물이 불에 타 모조리 사라지고 말았죠. 지금 있는 금각은 1955년에 새로 지은 거예요.

『금각사』의 주인공은 막힘 현상을 겪었어요. 책에서 이 증상을 어떻게 묘사했는지 함께 읽어볼게요.

굳이 말할 것도 없이, 말더듬은 나와 외부 세계 사이를 하나의 장애물로 가로막았다. 말의 첫소리가 제대로 나오지 않는다. 첫소리는 내 내부와 외부 세계 사이에 있는 문을 잠근 자물쇠인 셈인데 이 자물쇠가 제대로 열린 적이 없다. 보통 사람들은 말이 자유로우니 자기 내부와 외부 세계 사이의 문을 활짝 열어 바람이 잘 통하게 둘 수 있지만, 나는 도저히 그럴 수 없다. 자물쇠가 녹슬어버려서다.

첫소리를 내려고 자신을 쥐어짤 때, 나는 내부에 있는 질긴 끈끈이에서 몸을 떼어내려 파닥이는 작은 새 같다. 간신히 몸을 떼어내지만 때는 이미 늦다. 물론 외부 세계의 현실은 내가 몸부림치는 동안 가만히 기다려주는 것처럼 느껴지기도 한다. 그러나 기다려준 현실은 이미 신선한 현실이 아니다. 기를 써서 외부 세계로 나가 보지만 늘 그곳에는 순식간에 변색해 어긋나버린……. 그렇게 그것만이 내게 걸맞다고 여겨지는, 신선하지 않은 현실과 반쯤 썩은 내를 풍기는 현실이 가로놓여 있을 뿐이었다.

『금각사』(미시마 유키오, 신초샤, 2003) 6~7쪽

말을 더듬지 않는 사람은 윗글을 읽고 좀 의아해할지도 모르겠네요. 말이 제대로 나오지 않는 게 이렇게까지 괴로

울 일인가? 소설이니까 일부러 과장되게 쓴 거 아닐까? 하고요. 하지만 막힘 현상을 겪어본 사람은 이 글에서 대부분 고개를 끄덕인답니다.

먼저 '문'이라는 표현이 매우 공감돼요. 이 '문'은 나의 내부와 외부 세계, 곧 내면과 현실 세계 사이를 가로막는 경계를 말해요. 말을 술술 할 수 있는 사람은 이 문이 활짝 열린 상태여서 바람이 잘 통하게 해둘 수 있어요. 이와 달리 주인공은 말이 잘 나오지 않아서 자기 생각을 매끄럽게 전달하기가 어려워요. 문이 열리지 않는 거죠. 글쓴이는 이런 상황을 "자물쇠가 녹슬어버려서다"라고 표현했어요.

문이 열리지 않으니 주인공은 애가 탑니다. 마음 안에는 '끈끈이'가 있어요. 끈끈이는 새나 곤충을 잡을 때 쓰던 물건이에요. 예전에는 감탕나무 껍질에서 나온 끈적한 물질로 만들었다고 해요. 주인공 마음에 있는 끈끈이란 '꽉 막힌 말'이에요. 착 달라붙어 나를 옴짝달싹 못 하게 만들죠. 몸부림을 쳐서 간신히 빠져나오지만 때는 이미 늦었어요. 대화는 흘러간 지 한참입니다. 나를 계속 기다려주지는 않죠. "그것만이 내게 걸맞다고 여겨지는, 신선하지 않은 현실과 반쯤 썩은 내를 풍기는 현실이 가로놓여 있을 뿐이었다"라는 구절은 화려한 문장으로 인간 심리를 자세히 묘사했다는 점에서 미시마 유키오의 작품 세계를 잘 드러내고 있어요.

잠들기 전의 고독

막힘 현상이 괴로운 이유는 '세상과 동떨어진 느낌'이 들기 때문이에요. "세상 끝에 혼자만 남겨진 것 같다"라고 표현하는 사람도 있어요.

대화할 때는 흔히 "말과 말 사이가 중요하다"라고 해요. 남을 웃길 때가 특히 그렇죠. 하지만 막힘 현상을 겪고 있으면 좋은 생각을 해내도 제때 말하기 힘들어요. 이를테면 학급 회의 중에 기발한 아이디어가 떠올라도 전달하기 어려워요. 선생님이 던진 질문에 대답하고 싶지만 답을 알면서도 말하지 못해요. '우리 반 일에 관심이 없는 아이' '공부를 못하는 학생'으로 여겨지기 십상이죠. 정말 억울합니다.

나도 막힘 현상을 겪고 있어서 이럴 때 어떤 기분인지 잘 알아요. 나는 늘 잠들기 전에 이런 생각을 합니다.

'오늘은 이 말, 이 말, 그리고 이 말을 못 했네.'

제대로 못 한 말은 미련이 남아 이승을 떠도는 영혼 같은 존재예요. 미시마 유키오가 작품에 쓴 '끈끈이'와는 살짝 다르지만 이 말들 역시 내게 줄곧 들러붙어 있죠. 방 안에서 이 말들을 되풀이하면서 복습하듯 가만히 입 밖으로 내어보곤 한답니다.

미련이 남은 말들을 소중하게 어루만지는 '되풀이 시간'은 나름 즐거워요. 우리는 대화할 때 그때그때 분위기나 흐름에 맞추기 마련입니다. 마치 탁구를 하듯 튀어온 공을 쳐내기에 급급하죠. 그래서 나는 '되풀이 시간'에 아까 못 했던 말의 뜻과 당시 상황 등을 돌이켜봐요. '이 말을 왜 하려고 했지? 사실은 무슨 얘길 하고 싶었을까?' 하면서요.

고독은 우리 삶에 꼭 필요한 것이에요. 얼핏 비슷해 보이지만 '고립'과 '고독'은 전혀 다릅니다. '고립'은 외따로 떨어져 도움을 받을 수 없는 상태예요. 차츰 소외되다가

끝내 잊히고 말죠. 별로 바람직하지 못한 상황이에요. 이와 다르게 '고독'은 홀로 자신과 대화를 나누는 상태예요. 보통 '커뮤니케이션' 하면 타인과 나누는 대화를 말하지만 자기와의 대화도 굉장히 중요해요.

고독은 '내가 누구인지'를 알려줍니다. 돌이켜보면 미련이 남은 말들은 내게 '좋은 고독'을 알려주었어요. 막힘 현상은 괴롭지만 내 고독을 단련시켜 줍니다. 또 미련이 남은 말을 할 기회가 뜻밖에 찾아오기도 해요. 이때의 내 말들은 고독으로 잘 단련되어 전보다 기분에 충실하고 값진 말로 바뀌어 있을 거예요. 이렇게 보면 막힘 현상이란 말이 안 나오는 증상이 아니라 말을 숙성시키는 증상인지도 모릅니다.

적이자 아군, 아군이자 적

이쯤에서 막힘 현상은 왜 일어나는지 알아볼까요. 사람마다 조금씩 다르지만 막힘 현상을 겪는 이들은 거의 이렇게 말해요.

"어린 시절, 그러니까 유치원이나 초등학교 저학년 때는 반복 현상을 겪었는데 자라면서 막힘 현상이 더해지더라고요."

다시 말하지만 막힘 현상은 반복 현상의 '다음'에 옵니다. 반복 현상을 극복하려다 보니 막힘 현상이 오는 것이죠. 반복 현상은 몸이 자유로운 상태에서 일어나요. 몸은 편한데 말은 엄청나게 더듬죠.

그런데 어느 순간, 이 상황이 창피해지면 어떻게 될까요? 계기는 여러 가지가 있겠죠. 말하는 게 이상하다는 소리를 듣거나, 심한 놀림을 받았다거나. 물론 스스로 느꼈을 수도 있고요. 그러면 이제 창피함을 '숨기고 싶어질' 거예요. 말을 더듬는다는 사실을 감추려고 하겠죠. 바로 이것이 '막힘 현상'입니다.

막힘 현상은 말을 더듬지 않아서 다들 힘든 줄 모르지만 본인은 몸이 몹시 괴로워요. 반복 현상과 막힘 현상은 완전히 정반대라고 보면 됩니다. 반복 현상을 감추면 막힘 현상이 나타나죠. 그런데 이 둘의 관계가 참 흥미로워요. 막힘 현상은 '증상'이면서 '대처법'입니다. 반복 현상을 숨기려고 몸이 만들어낸 방법이거든요.

감기에 걸려서 열이 나는 상황과도 비슷해요. 열이 나면 학교를 빠지거나 회사를 쉬어야 합니다. 발열은 우리를 힘들게 하는 '증상'이에요. 발열은 몸이 내부로 침입한 세균이나 바이러스와 싸우기 때문에 일어나요. 곧 '대처법'이기도 하다는 거죠. 적이면서 아군이고 아군이면서 적인 관계. 우리 몸이 하는 일은 아주 복합적이에요.

나를 만들다

여기서 하나 짚고 넘어가고 싶은 것이 있어요. '창피하다'라는 감정은 대체 뭘까요? 누구든 창피하거나 무안했던 적이 있을 거예요. 무심코 선생님을 "엄마"라고 불렀다거나, 어른에게 꾸벅 인사했다가 가방에서 물건이 죄다 쏟아졌다거나, 바지 지퍼 올리는 걸 깜빡했다거나……. 훗날 떠올리면 우스울 일도 당시에는 얼굴이 벌겋게 달아오를 만큼 민망하죠.

우리는 왜 창피해하는 걸까요? 남의 눈을 의식하기 때문이에요. 다른 사람에게 '보이고픈 나'를 연기하지 못했을 때 창피하다고 느끼죠. 창피함은 아주 자연스러운 감정입니다. 여러분처럼 젊은 사람에게는 특히나요. 여러분은 아직 '나'를 만들어나가는 중이거든요. 내가 남에게 어떻게 보일지 엄청나게 신경이 쓰이죠? 남이 나를 좋아하는지, 싫어하는지, 이상하게 보는지도 궁금하고요. 자아가 온전하게 갖춰지기 전에는 누구나 그렇답니다.

그러다 나이가 들면 심리적으로 꽤 안정이 돼요. '나'는 그간의 경험들로 이루어졌다는 사실을 깨닫게 되고 내 장단점, 가능성, 한계가 보이게 되죠. 포기와 단념도 알게 됩니다. 또 나 이상으로 자녀, 가족, 동료에게 마음을 쓰게 돼요. 좋은 의미로 나야 어찌 되든 상관없어지죠. 창피할 일도 훨씬 줄어듭니다.

여러분도 언젠가 '좋은 의미로 나야 어찌 되든 상관없다'라고 여기게 될 거예요. 다만 이렇게 생각하려면 시간이 필요해요. 경험을 더 쌓아야 하죠. 그러니 앞으로 한동안은 창피할 일이 많을 수밖에 없답니다.

다만 지나치게 남들 눈만 의식하다 보면 삶이 힘들지도

몰라요. '무조건 이래야 해' '잘 보이고 싶어' 같은 마음이 너무 크면 인생을 카메라로 감시받는 기분으로 살게 됩니다.

다시 말하건대 몸은 내 뜻대로만 움직여주지는 않아요. 근육 운동을 하거나 머리를 염색해서 외모를 이상에 가깝게 가꿀 수는 있겠지만 몸이 우리 뜻대로 되지 않는다는 사실은 변하지 않아요. 그러니 '창피함'과 잘 마주하는 방법을 찾아보세요. 마음에 안 드는 구석이 있더라도 내 몸을 인정해주세요. 그래야 몸의 소리가 들리고, 나를 오롯이 받아들이면서, 내가 좋아지게 되기 때문입니다.

다섯 번째 이야기

나다운 몸

바꿔 말하기

앞에서도 밝혔지만 막힘 현상이 나타나면 몸이 괴로워요. 반복 현상은 "ㅍ ㅍ ㅍ 프 프 프 편지" 하고 말더듬이 겉으로 나오지만 몸은 편안해요. 반대로 막힘 현상은 "……" 하고 침묵만이 이어지죠. 말만 안 더듬을 뿐, 몸은 숨조차 쉬기 힘든 상태예요. 내 생각을 표현할 수 없으니 세상에서 동떨어진 기분이 들죠.

하지만 이번에도 몸은 대처법을 찾아내요. '바꿔 말하기'

라는 방법입니다. 바꿔 말하기는 막힘 현상 다음에 나타나는 증상이에요. 막힘 현상처럼 증상이면서 앞서 나타난 증상의 대처법이죠. 이처럼 우리 몸은 따로 배우지 않고도 문제에 대처하는 방법을 스스로 찾아냅니다. 반복 현상은 막힘 현상으로, 막힘 현상은 바꿔 말하기로 막아내려 하죠. 대처 능력이 어찌나 좋은지 감탄이 절로 나옵니다.

그렇다면 '바꿔 말하기'란 무엇일까요? 바꿔 말하기란, 어떤 말을 할 때 더듬을 것 같으면 말하기 직전에 비슷하지만 다른 말로 바꿔 표현하는 방법이에요. 이를테면 이렇게요.

"생명이 얼마나 중요한지 모르는구나." → "목숨이 얼마나 중요한지 모르는구나."

"이 소리는 비행기 소리인가?" → "이 소리는 항공기 소리인가?"

"컴퓨터 옆에 있어요." → "피시(PC) 옆에 있어요."

이처럼 바꿔 말하면 더듬지 않으니 대화가 순조롭게 진행돼요. 말을 더듬는다는 사실도 드러나지 않고요. 바꿔 말하기에 익숙해지면 "이제 말 안 더듬네!"라는 얘기를 들기도 해요. 제법 괜찮은 방법이죠.

자꾸 바꿔 말하다 보면 신기하게도 내가 말을 언제 더듬을지를 조금씩 알게 돼요. '음, 다음 말에서 더듬겠는데?' 하는 예감이 들죠. 어떤 사람은 이런 식으로 표현해요. "블록이 날 향해서 점, 점, 점 다가오는 느낌"이라고요. 세 낱말 뒤에 '올 것이 온다'라고 예측이 된다네요. 전에는 '그것'에 그냥 부딪힐 수밖에 없었지만 이제는 어느 쪽으로든 피할 수 있다고 해요.

지금은 못 하는 말이 언젠가 나오기도 해요. 자신 있는 말과 자신 없는 말도 사람마다 다르고요. 누구는 'ㄱ'이 들어가는 말이 잘 안 나오고 누구는 'ㅎ'로 시작하는 말을 어려워하죠. 말더듬은 몸 상태나 주변 상황에 따라 정도가 다르게 나타나요. 전에는 어려웠던 말이 갑자기 '척' 하고 나올 때도 있어요.

그러니까 머릿속에 '더듬는 말 목록'이 있고, 말을 할 때마다 목록을 확인해서 '이 말은 더듬겠구나'라고 예측하는 건 아니라는 얘기죠. 그냥 말하기 직전에 '더듬겠구나' 하고 느끼는 거예요. 그러니 실은 잘할 수 있는 말일 수도 있는 거죠. 더듬을 것 같다는 마음이 말을 막는 건지도 몰라요. 자기 암시에 걸린 사람처럼요.

고유 명사의 벽

말을 더듬는 사람은 머릿속에 스마트폰의 '자동 완성' 같은 기능이 있는지도 모릅니다. 어떤 말을 못 했을 때를 대비해서 그 말과 비슷한 표현을 여럿 준비해놓거든요. 정면 돌파가 어려울지 모르니 왼쪽이나 오른쪽으로 돌아가는 길을 마련해둔달까요. 입력된 낱말과 관련된 표현을 모두 제안하는 자동 완성 기능과는 달리 '비슷한 말'만 준비할 수 있지만요.

다만 이 방법도 완벽하지는 않아요. 바꿔 말하기에는 크고 작은 단점이 있습니다. 막힘 현상의 대처법이지만 단점이 있으니 이 역시 증상일 수밖에요. 먼저 작은 단점부터 알아볼게요.

이 단점은 아주 단순해요. 세상의 모든 말을 바꿔 말할 수는 없다는 것이죠. 말 중에는 사람이나 사물 이름을 일컫는 '고유 명사'가 있어요. '생명'과 같은 일반 명사는 '목숨'으로 바꿔 말할 수 있지만 사람 이름이나 지역명은 바꿔 말할 수 없어요. 이런 상황을 떠올려보세요. 말할 때 떠듬거릴 것 같은 배우 이름이 있는데 0.5초 뒤에 이 배우 이름을 말해야 한다고요. 어떻게 바꿔 말해야 할까요?

말을 더듬는 사람들은 이 방법을 씁니다. 바로 '깜빡한 척하기'죠.

"음……, 여배우인데요, 이런 작품에 나왔고 저런 영화를 찍었어요. 외모는 이러저러하고요……."

"아, 혹시 ○○○?"

"네, 맞아요!"

아는 이름인데 영 떠오르지 않는 것처럼 연기해서 상대가 말하게 유도하는 방법이에요. 덕분에 대화가 자연스럽게 흘러가죠. 상당한 고난도 기술입니다. 이 방법 또한 바꿔 말하기를 하다 보면 저절로 익히게 돼요.

하지만 '유도법'에도 한계가 있어요. 일단 자기 이름을 말할 때는 못 쓰니까요. "내 이름은 무엇일까요?"라고는 도저히 물을 수 없겠죠. 이럴 때는 역시 말을 더듬을 수밖에 없지 싶어요. 말을 더듬는 사람이 세상에서 가장 괴로운 일은 '자기소개'일 거예요. 자기소개가 즐거운 사람이 세상에 과연 얼마나 될까 싶기는 하지만요.

처음 보는 사람이 많아서 가뜩이나 불편한데, 바꿔 말하기 힘든 말이 계속 나온다고 해보죠. 어떻게 대처하면 좋을까요? 이럴 때는 이름 앞에 다른 말을 덧붙이는 방법을 곧잘 씁니다. 이런 식으로요.

"△△에서 온 ○○○입니다."

"대학에서 학생을 가르치는 ○○○입니다."

말더듬 증상은 아무래도 말머리에서 잘 나타나요. 다른 말을 앞세우는 것만으로도 부담이 살짝 줄어듭니다. 또 이런 방법도 나쁘지 않아요.

"어…… 음…… ○○○입니다."

이름 앞에서 쓴 '어…… 음……' 같은 말을 '필러^{filler}'라고 해요. 말과 말 사이를 메꿔준다는 뜻이죠. 필러는 남들 앞에서 이야기하는 자리에서는 되도록 줄여야 하는 표현이지만 말을 더듬는 사람에게는 아주 든든한 지원군이랍니다.

'가짜 나'가 나오다

바꿔 말하기의 큰 단점은 꽤 심각해요. 사람의 정체성과 관련이 있거든요. 내가 전하려는 말의 의미는 바꿔 말하기를 해도 크게 달라지지 않아요. 하지만 말소리나 말투가 바뀌면서 말의 느낌, 곧 말맛이 살짝씩 어긋나죠.

아까 예로 들었던 '생명'과 '목숨'을 바꿔서 말해볼까요. '생명력'이라는 말을 '목숨력'으로 바꿔 말하면 아무래도 어색해요. 또 지구에 생명체가 나타난 35억 년 전을 의미하는 '생명의 탄생'이라는 표현을 '목숨의 탄생'이라고 바꾸면 확실히 부자연스럽죠. 생명은 추상적 개념으로 동물과 사물 등에 두루 쓰이지만, 목숨은 구체적이고 현실적이며 동물, 특히 사람에만 쓰여요.

우리는 일부러 의식하지 않고도 이 말들을 그때그때 구분해서 씁니다. 이런 말들은 바꿔 말해보면 말맛이 달라지는 것을 알 수 있어요. '목숨만 살려주십쇼'를 '생명만 살려주십쇼'라고 한다고 생각해보세요. 어감, 곧 말맛은 아주 중요해요. 상대에게 전하려는 내 생각과 느낌 그 자체죠.

말이 달라지면 말맛도 바뀌어요. 의미야 전달되겠지만 내 생각과 느낌까지 고스란히 전해지지는 않아요.

바꿔 말하기는 인간관계와도 관련이 깊어요. 실제로 이런 일이 있었어요. 어떤 사람이 말을 유창하게 하는 사람에게 "말씀을 매끄럽게 잘하시네요"라고 칭찬하려 했어요. 그런데 '매끄럽게'라는 표현을 더듬을 것 같아서 이렇게 말을 바꿨어요.

"말씀을 거침없이 잘하시네요."

아……, 생각만 해도 아찔하네요. '매끄럽게'와 '거침없이'는 둘 다 '자연스럽다'라는 뜻을 담은 말이지만 '거침없이'는 문장에 따라 부정적으로 들리기도 해요. 입을 함부로 놀렸다는 의미로 받아들일 수 있죠.

바꿔 말하기란 '내 뜻이 본디 뜻과 다르게 전해지는 것'이기도 해요. 그래서 안타까울 때가 많아요. 내가 나를 배신했다는 느낌도 들고요. "바꿔 말하는 나는 '진짜 나'가 아닌 것 같다"라는 사람도 있어요. 또 이런 얘기도 들었어요.

"바꿔 말할 때의 나는 '진짜 나'가 아니라서 나는 바꿔 말하기를 좋아하지 않아요. 남과 대화할 때 '가짜 나'가 자꾸 나온다고 생각하면 아무래도 바꿔 말하기는 반칙처럼 느껴져요."

이 사람은 진짜 하고픈 말을 포기하고 의미가 다르지만 편한 말을 찾아 타협하는 것이 바꿔 말하기라고 생각하는 듯해요. 그래서 '바꿔 말하기는 반칙'이라는 강렬한 표현을 쓴 것으로 보입니다.

'가짜 나'가 나와버린다.

어색해진 덕분에 깨닫다

바꿔 말하기에 대한 의견은 말을 더듬는 사람끼리도 제법 갈린답니다. 이를테면 다음처럼요.

① 바꿔 말하면서 대화를 하더라도 이 역시 나만의 이야기 방식이다.

② 바꿔 말하면 '가짜 나'가 나와버리니 되도록 바꿔 말하고 싶지 않다.

참고로 내 의견은 ①이에요. 그래서 일상이 바꿔 말하기로 가득 차 있지만 딱히 나쁘지 않다고 생각해요. 바꿔 말할 때는 상대가 말뜻 차이로 오해하지 않도록 손이나 물건, 다양한 표현 방법을 같이 쓰려고 하고요.

요즘에는 수업이나 발표에서 파워포인트 같은 시각적 보조 자료를 많이 쓰죠. 이 자료에 설명을 써두면 말이 잘못 나오더라도 준비한 내용을 무사히 전할 수 있어요. 또 바꿔 말하다 보면 불쑥 튀어나온 말에 자극받아서 생각의 폭이 넓어지기도 해요. 퍽 흥미로운 일이죠.

두 번째 이야기에서 소개했듯, 우리는 말할 내용을 미

리 머릿속에 글로 써두고 이 글을 읽으면서 말하지는 않아요. 말하는 동시에 다음에 어떤 말을 할지 생각하죠. 그래서 바꿔 말하다 보면 무심코 나온 말을 계기로 새로운 것을 알게 될 때가 있어요. 앞서 나온 '생명'과 '목숨'의 말맛 차이가 좋은 예죠. 말맛의 차이는 말을 바꿔서 했을 때만 느낄 수 있어요. 의도와 달리 말맛이 어색한 까닭을 곰곰이 따지다 보면 '번뜩' 하고 원인을 깨닫는 순간이 찾아옵니다.

말더듬으로 나를 되찾다

물론 바꿔 말하기를 ②와 같은 시선으로 바라보는 사람도 있어요. 이들은 바꿔 말하면 '가짜 나'가 나온다고 여기기 때문에 되도록 바꿔 말하지 않으려고 해요.

바꿔 말하기를 완전히 포기하면 어떻게 될까요? 반복 현상과 막힘 현상이 나타나겠죠. 그래서 바꿔 말하기는 말더듬에 대처하는 최고의 방법으로 꼽히기도 해요. 말더듬이 다 나은 것처럼 보이니까요.

하지만 '가짜 나'를 싫어하는 사람들은 '말더듬이 다 나은 것처럼 보이는 나'는 '진짜 나'가 아니라고 생각해요. '가짜 나'가 나오게 둘 바에야 차라리 말을 더듬겠다고 하죠. '진짜 나'를 속이고 싶지 않은 거예요.

실제로 위와 같은 선택을 한 사람이 있어요. 바꿔 말하기를 포기하고 당당하게 말을 더듬기로 한 거죠. 그는 당시 마음을 이렇게 표현했어요.

"적어도 소중한 사람 앞에서만은 말을 더듬고 싶었어요."

와, 정말 멋지지 않나요? 보통 말더듬은 불편한 일로 인식되지만 그에게 말더듬은 곧 '나를 되찾는 일'이었어요. 소중한 사람이 '말을 더듬는 나'를 있는 그대로 받아들여 준다면 얼마나 기쁠까요?

바꿔 말하기를 포기하는 일은 절대로 쉽지 않아요. 뭐든 습관이 되면 그만두기가 어렵잖아요. 몇십 년 동안 해 온 말버릇을 손바닥 뒤집듯 바꿀 수는 없죠. 주변 사람에도 신경이 쓰일 거예요. 왜 갑자기 말을 더듬냐며 다들 놀랄까 봐 걱정도 되고요. 그래서 좀 이상하게 들릴 수 있지만, 그는 '말을 더듬고 싶어도 더듬지 못하는' 시기를 보내야 했어요. 다시 말을 더듬기까지 3년이나 걸렸다고 해요.

무려 3년 동안, 그는 말을 더듬을 수 있는 환경을 꾸준히 갖춰나갔어요. 덕분에 그간 숨겨왔던 '말을 더듬는 사람'이라는 자신의 정체성을 가까운 사람들에게 공개할 수 있게 되었죠. 또 말을 더듬는 사람들의 모임에 참여하면서 말더듬을 더 자유롭게 드러내게 되었어요. 이제 그는 말을 마음껏 더듬고 있어요. 말을 잘 더듬는다고 칭찬까지 들었다고 해요. 웃는 얼굴이 멋진 그는 현재 말을 더듬는 어린이들을 지원하는 활동을 하고 있답니다.

몸의 다양성

새삼 깨닫지만 역시 목표는 사람마다 다른 법이에요. 그렇다면 나에게 최고의 몸이란 어떤 몸일까요?

앞에서 살펴봤듯, 말을 더듬는 사람 가운데 누군가는 대화가 잘 이어지도록 바꿔 말하면서 말더듬이 없는 것처럼 보이려고 해요. 다른 누군가는 바꿔 말하기를 하면 '가짜 나'가 나온다며 당당하게 말을 더듬으려 하고요. 또 누군가는 이 둘을 합쳐 중요한 대화일 때는 바꿔 말하고, 가까운 이들과 함께하는 편한 자리에서는 말을 더듬어요.

이처럼 말을 더듬는 사람은 한마디로 정의할 수 없을 만큼 생각이 다양해요. 사람의 가치관은 자신의 목표로 나아갈 때 우선하는 것에서 드러납니다. 자연스러운 대화, 남에게 보이는 모습, 내 몸의 편안함, 어색함에서 비롯된 깨달음 등 무엇을 우선할지는 저마다 다르죠.

바로 여기서 몸의 정체성이 생겨납니다. 우리의 몸이란 무엇일까요? 말더듬이 아닌 다른 예시를 통해 생각해보죠.

내게는 눈이 보이지 않는 친구가 여럿 있습니다. 다들 시각이 없는 세상을 살고 있지만 몸을 쓰는 법이 저마다 달라요. 어떤 친구는 귀로 듣는 청각 정보를 중시합니다. 지팡이로 바닥 따위를 쳐서 울리는 소리로 방 넓이가 얼마나 되는지, 창이 열렸는지 닫혔는지, 사람이 많은지 적은지를 알아내죠. 발소리로 상대가 어떤 성격의 사람인지 파악하는 친구도 있고, 기계에 관심이 많아서 승강기가 작동하는 소리만 듣고도 그 승강기가 어느 회사의 제품인지를 맞히는 친구도 있어요. 마치 귀로 '보고 있는' 듯하죠.

어떤 친구는 촉각으로 얻는 정보를 중시합니다. 한두 군데만 만지고도 책상 크기와 방향을 정확히 알아내죠. 촉각 기관은 손뿐이 아니에요. 피부나 머리카락에 닿는 공기의 흐름으로 자신의 현재 위치를 파악하기도 한답니다. 마스크를 쓰면 촉각이 둔해져서 길을 잃기 쉽다고 해요.

청각이나 촉각 같은 신체 감각에 기대지 않는 친구도 있어요. 그는 다른 사람과 말로 소통하는 방법을 즐겨 써요. 식당에서는 직원에게 메뉴를 읽어달라고 하고 미술관에서는 같이 간 사람에게 감상을 듣고 어떤 그림인지 상상하죠. 그와 대화를 나누며 미술 작품을 감상하는 일은 아주 즐거워요.

자기 몸에 100% 만족하는 사람은 이 세상에 아무도 없어요. 장애나 질병이 없는 사람도 마찬가지죠. 우리는 몸과 더불어 살아가려고 저마다 노력하면서 자신만의 몸을 만들어왔어요. 몸은 내 소유물이면서 나와 사회의 '사이'에 존재해요. 몸이 본디 지닌 가능성, 지금까지 살아온 시간, 주변 환경 등을 가치관에 비추어보면서 내 몸만의 목표를 찾아보세요.

여섯 번째 이야기

은유법을 익히자

몸을 제대로 탐구하려면

지금까지 열심히 읽어준 여러분, 이제는 '같이' 생각할 차례예요. 앞에서는 우리가 타고나는 몸의 특징 가운데 하나인 말더듬에 대해 살펴봤어요. 말더듬은 반복 현상, 막힘 현상, 바꿔 말하기 등 다양한 유형으로 나타나죠. 이 유형에 따라 몸이 대처하는 방법도 달라져요. 대처법 또한 여기 다 쓰지 못할 만큼 사람마다 다양합니다.

자, 지금부터 내 몸에 집중해보세요. 내 몸에는 어떤 특징이 있으며 내 몸과 어떻게 마주하고 있나요? 또 내 몸과 잘 지내기 위해 어떤 노력을 하고 있나요?

쉽게 말해 여러분의 몸은 무엇인가요?

대답하기가 쉽지는 않을 거예요. 그래서 여러분을 도와줄 선물을 마련해두었어요. 내 몸을 탐구할 때 쓰기에 아주 좋은 도구랍니다. 여행자에게 길을 안내하는 나침반처럼 여러분을 든든하게 지원해줄 거예요.

이 도구의 이름은 '은유법'이에요. 사물의 상태나 움직임을 간접적이고 암시적으로 나타내는 방법을 말하죠. 문학 작품에 많이 쓰이는, 애매한 말로 빙빙 돌려서 표현하는 그 은유법이 몸을 탐구하기 좋은 도구라니! 이게 무슨 소린가 싶을 거예요.

여러분은 은유법을 문장을 꾸미는 '장식' 정도로 여길지도 모르겠어요. "그가 있으면 우리 반 분위기가 밝아진다"보다는 "그는 우리 반의 태양이다"처럼 은유법을 쓴 글이 멋들어지니까요. 그런데 은유법의 기능은 과연 이뿐일까요?

2020년, 전 세계에서 코로나19가 기승을 부렸어요. 이 글을 쓰고 있는 지금도 우리는 여전히 코로나19의 영향을 받고 있고요. 코로나바이러스가 퍼지기 시작할 무렵, 세계 각국의 지도자들이 한 말을 혹시 기억하나요? 트럼프 미국 대통령과 마크롱 프랑스 대통령은 이런 말을 했어요.

"이것은 바이러스와의 전쟁이다."

전쟁에는 두 가지 뜻이 있는데, 여기서 쓴 전쟁은 태평양 '전쟁'이나 베트남 '전쟁'과는 달라요. 지금 상황이 코로나바이러스와 전쟁하는 것과 다름없다는 뜻으로 쓰였죠. 곧 은유법을 쓴 거예요. 그렇다면 여기서 이 은유법은 단순한 장식일까요? 지도자들은 그저 멋져 보이려고 은유법을 쓴 걸까요?

현실을 보는 다양한 관점

네, 당연히 아닙니다. '전쟁'이라는 은유법으로, 지도자들은 예측 불가능한 상황에 자신의 방침을 제시한 거예요. "이것은 바이러스와의 전쟁이다"라는 말에 각국 국민은 진짜 전쟁이 일어나기라도 한 듯 긴장했을 겁니다. 두려움도 느꼈을 거예요. '전쟁'이라는 은유에 휩쓸려 이런 생각까지 했을지도 몰라요.

'이길 때까지는 참아야 해. 전쟁 중이니 나라가 자유를 제약해도 하는 수 없지.'

'전쟁에서는 군인들이 죽기 마련이야. 전쟁 상대가 코로나바이러스이니 의료진이 희생하겠군.'

'전쟁이 일어나면 국가 비상사태이니 사람들이 법을 어겨도 별수 없어.'

국민이 이렇게 생각하기 시작하면 권력자의 의도대로 된 거예요. 권력의 남용을 인정하겠다는 얘기나 마찬가지니까요. 이처럼 은유법은 단순한 장식이 아니에요. 현실을 보는 관점을 만들어내죠. 나아가 타인의 행동 방식까지 바꿔버립니다.

알다시피 현실은 하나가 아닙니다. 목격자에 따라 같은 사건에서 다른 증언이 나오듯 현실도 은유법에 따라 다르게 보여요.

이탈리아 작가인 파올로 조르다노는 자신의 책 『전염의 시대를 생각한다』에서 코로나 사태를 '이사'라는 은유로 표현해요. 그는 코로나 사태의 원인을 환경 파괴에서 찾아요. 자연이 망가지면서 여러 바이러스가 박쥐의 몸 등의 터전에서 다른 곳으로 내몰렸다는 거죠. 작가는 이들 바이러스를 '난민'이라 부릅니다.

이런 관점으로 보면 진짜 피해자는 우리가 아니라 코로나바이러스일 수도 있어요. 우리가 맞서고 물리쳐야 할 적이 아닌 거죠. 코로나 사태를 전쟁이라는 은유로 나타내면 바이러스 대책은 '지구에서 바이러스 없애기'가 되지만, '이사'라는 은유로 나타내면 '인류와 환경의 공존법을 재검토하기'가 됩니다.

전쟁과 이사. 같은 코로나바이러스라도 쓰이는 은유법에 따라 관점이 뒤바뀝니다. 이 관점에 따라 사람들의 행동도 달라지죠. 현실을 다각도에서 파악하려면 은유법을 읽어내는 힘이 꼭 필요합니다.

나만의 '말' 찾기

은유법은 몸에도 똑같이 쓸 수 있어요. 내 몸으로 살아가는, 나만이 아는 그 '느낌'을 남도 느끼게 하려면 어떻게 해야 할까요?

은유법에는 느낌을 형상화하는 힘이 있습니다. 이 책에도 은유법이 여럿 쓰였어요. 네 번째 이야기에서 소개한 미시마 유키오의 『금각사』에도 은유적 표현이 나왔죠. 작가는 막힘 현상을 '문'이라는 은유로 나타냈어요. 막힘 현상은 세상과 나 사이에 가로놓인 문이 있고 그 문에 잠긴 자물쇠가 녹이 슬어 열리지 않는 상황과 같다고요. 이 은유에 말을 더듬는 사람들이 크게 공감했다고도 소개했죠.

말더듬 유형에 대해서 설명할 때도 은유법을 썼어요. 키보드 입력으로 반복 현상과 막힘 현상을 나타냈죠. 키를 한 번만 눌러도 글자가 화면 가득 찍히는 상태는 반복 현상, 키를 아무리 눌러도 글자가 찍히지 않는 상태는 막힘 현상이라고요.

말을 더듬는 느낌을 '과즙 젤리'라는 은유로 나타낸 사람도 있어요. 그는 말더듬이 막힘 현상으로 발전하지 않도록 반복 현상이 나타나도 말을 이어가는데, 그때마다 "과즙이 넘치지 않도록 젤리의 뚜껑을 살살 잡아 뜯는 것 같은" 느낌이 든다고 해요. 이 은유에서는 젤리처럼 바르르

떨리는 몸을 가누려 힘을 조절하는 느낌이 고스란히 전해집니다.

이처럼 내 몸의 느낌을 제대로 전하려면 적절한 은유적 표현을 찾아야 해요. 다른 사람의 말을 그대로 써도 좋지만 가능하다면 내 느낌이 제대로 담긴 말, 실감 나는 표현을 만들어보세요. "나도 젤리이긴 하지만 말랑말랑한 과즙 젤리가 아니라 탱글탱글한 곤약 젤리에 가깝다" 정도로도 내 느낌을 담아낼 수 있어요. 이렇게 노력을 거듭하다 보면 어느새 나만의 '말'이 생겨납니다.

왼손잡이라면 왼손잡이로 사는 건 어떤 느낌인지, 머리가 아프면 어떻게 아픈지, 달리기를 잘한다면 달릴 때 어떤 기분인지. 내 몸으로 살아가는 나만이 알 수 있는 느낌, '왼손잡이, 두통, 달리기'라는 흔한 낱말로는 담아낼 수 없는 느낌, 뭐라 설명할 수 없는 그 느낌을 은유라는 방법으로 나타내보세요. 은유적 표현만으로도 내 몸의 해상도는 한층 높아져요. 그리고 비로소 내 몸과 대화를 나눌 수 있게 된답니다.

내가 되어보게 한다

실감 나는 은유적 표현을 찾으면 어떤 점이 좋을까요? 첫째, 마음이 놓입니다. 내 몸에 일어나는 일을 언어로 나타낼 수 있게 됐으니까요. 남의 몸에 일어나는 일에 공감하기란 절대 쉽지 않아요. 또 타인에게 공감받지 못하면 마음이 불안하죠. 하지만 은유적 표현을 찾으면 그 사실만으로 든든한 데다가 내 몸을 관찰하는 힘까지 생깁니다.

"어, 오늘은 젤리가 평소보다 덜 흔들리네?"

"이번엔 키보드를 살며시 눌러볼까?"

이렇게 관찰하다 보면 몸이 연구 대상처럼 느껴진답니다.

둘째, 나를 알아주는 친구가 생깁니다. 몸은 우리를 고독하게 해요. 내 몸을 아는 사람이 나밖에 없기 때문이죠. 하지만 몸은 나를 남과 엮어주기도 해요. 몸은 '물질'로서 존재합니다. 이 존재의 힘은 다른 사람이 나를 받아들이는 데 아주 큰 역할을 하죠.

살다 보면 내 몸에 손가락질하는 사람을 만나기도 해요. 그런데 사실 그 사람은 내 몸에 당황했거나 나를 어떻게

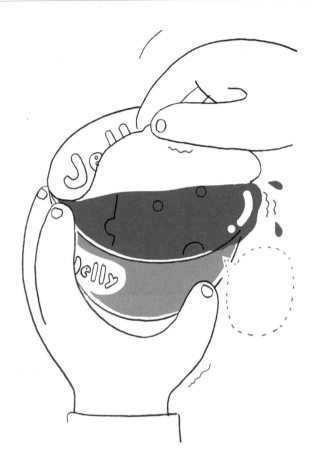

"오늘은 젤리가 평소보다 덜 흔들리네?"

대하면 좋을지 몰라서 그러는 건지도 몰라요. 진짜 친구를 늘리려면 상대에게 내 몸의 느낌을 알려줘야 해요. 이때도 은유법이 큰 도움이 됩니다.

요즘은 정보 사회라서 말더듬이 뭔지 몰라도 인터넷에 검색하면 바로 알 수 있어요. 하지만 검색한 내용은 그냥 '정보'예요. 정보에는 내 경험이 들어 있지 않죠. 정보는 많이 쌓이면 지식이 되지만 머리로 이해할 뿐이에요.

그러니 나를 제대로 알려주려면 머리가 아니라 몸으로 이해시켜야 해요. "아, 이런 거였구나!" 하고 상대가 몸으로 내 몸의 느낌을 알게 해야 하죠. 이 과정은 '변신'과 비슷해요. 남에게 내가 되어보게 하는 것이니까요. 은유법에는 남을 나로 만드는 힘이 있어요. 은유는 언어라는 도구로 상대 안에 '나'를 만들어줍니다.

몸을 믿자

나를 알아주는 친구는 뜻밖의 기회에 찾아옵니다. 알고 보면 우리 반에 나와 비슷한 고민을 하는 친구가 있을지도 몰라요. 인터넷에서 내 은유에 공감하는 사람과 만날 수도 있죠. 상대와 같은 장애, 질병, 특징이 있어야만 친구가 되는 건 아니거든요.

내가 말더듬을 주제로 쓴 책은 말을 더듬는 사람을 비롯해 많은 분에게 공감을 얻었어요. 그중에는 난치병 환자도 있었죠. 신경을 앓고 있어 몸을 자유롭게 움직이지 못하는 분이었어요. 컵을 집으려 하면 손이 너무 떨려서 컵에 닿지 않았죠. 그는 이렇게 말했어요.

"내 몸도 말을 더듬어요."

이 은유대로, 컵을 집으려 할 때 손이 후들거리는 증상은 말더듬의 반복 현상과 비슷하게 느껴졌어요.

그간 말더듬에 너무 몰두한 나머지, 당시 내 머릿속에는 말더듬과 관련된 생각밖에 없었어요. 말더듬과 증상이 비슷한 장애나 질병이 세상에 많이 있다는 사실은 잘 몰랐죠. 그래서 그가 내 말더듬을 자신의 은유적 표현으로 사용했을 때, 나는 말더듬을 새롭게 바라보게 됐어요.

'아……, 말더듬이란 그런 것이기도 하구나!'

그 순간 말더듬에 대한 내 집념이 눈 녹듯 사라졌어요.

마음도 한결 편안해졌죠.

내 책에 공감한 이들 중에는 인공지능 연구자도 있었어요. 인공지능으로 게임 캐릭터를 실제 인간처럼 만드는 연구를 하는 분이었죠. 그는 인공지능이 진짜 인간처럼 되려면 '뜻대로 되지 않는 경험'이 중요할지도 모른다고 말했어요. 뜻대로 되지 않는 것이야말로 진짜 인간다움이라면서요. '말을 더듬는 인공지능'을 연구 목표로 삼아볼까 한다는 농담 섞인 의견도 들려주었습니다.

인공지능 연구자가 말더듬 책을 읽으리라고는 솔직히 상상도 못 했어요. 앞서 말했듯 우리 몸은 뜻대로 되지 않지만, 이 '뜻대로 되지 않는 일'을 책으로 쓰자 뜻밖의 친구들과 만나게 되었죠. 뜻대로 되지 않는 일이 뜻밖의 만남을 선물해준 거예요.

사람은 누구나 '몸'이라고 하는, 내 것이면서 내 것이 아닌 신비로운 물체를 하나씩 지니고 있어요. 우리는 몸 때문에 고민을 거듭하고 시간을 보내다가 언젠가는 죽습니다. 이런 관점으로 생각하면 인류는 모두 우리의 선배이자 후배죠.

가끔은 말로 제대로 전하지 못했는데도 몸에서 그 뜻이 전해질 때가 있어요. 이러한 '몸의 힘'을 믿어보세요. 그리고 내가 타고난 몸과 부디 즐겁게 마주하기를 바랍니다.

청소년을 위한 Q

몸이란 대체 무엇일까

1판 1쇄 2024년 1월 15일

지 은 이 이토 아사
옮 긴 이 심수정

발 행 인 주정관
발 행 처 북스토리㈜
주   소 서울특별시 마포구 양화로 7길 6-16
          서교제일빌딩 201호
대표전화 02-332-5281
팩시밀리 02-332-5283
출판등록 1999년 8월 18일(제22-1610호)
홈페이지 www.ebookstory.co.kr
이 메 일 bookstory@naver.com

ISBN 979-11-5564-330-3 44100
      979-11-5564-327-3 (세트)